SAINT GILLES

ET

SON TOMBEAU

PAR

REVEILLE DE BEAUREGARD

Membre actif de la Société de statistique de Marseille et correspondant de plusieurs Académies et Sociétés savantes.

DEUXIÈME ÉDITION
REVUE ET CORRIGÉE PAR L'AUTEUR.

MARSEILLE
IMPRIMERIE ET STÉRÉOTYPIE SAINT-JOSEPH
Rue Sainte-Pauline, 2a

1879

SAINT GILLES

ET

SON TOMBEAU

SAINT GILLES

ET

SON TOMBEAU

PAR

RÉVEILLÉ DE BEAUREGARD

Membre actif de la Société de statistique de Marseille et correspondant de plusieurs Académies et Sociétés savantes.

DEUXIÈME ÉDITION
REVUE ET CORRIGÉE PAR L'AUTEUR.

MARSEILLE
IMPRIMERIE ET STÉRÉOTYPIE SAINT-JOSEPH
Rue Sainte-Pauline, 2a

1879

I

Saint-Gilles et son pèlerinage, tel est le titre d'un charmant volume qui vient de paraître à la librairie F. Seguin, d'Avignon.

Écrire l'histoire de saint Gilles n'était pas chose facile : ce sujet n'était-il pas épuisé ? Les nombreuses notices parues à l'occasion de la découverte du tombeau de saint Gilles, en 1865, et la presse catholique, en s'occupant d'un événement si inattendu, avaient réveillé les grands souvenirs que cette tombe rappelait : tout semblait avoir été dit : pourquoi donc ce nouveau livre ?

L'auteur répond à cette question à la première page de son travail ; puis, sans tenir compte des difficultés, après avoir esquissé la vie de l'humble ermite de la vallée Flavienne, il entreprend l'histoire de la ville et du pèlerinage de Saint-Gilles. L'historiographe nous fait assister au développement progressif, à la prospérité toujours croissante d'une cité dont quelques moines sont les fondateurs, et sur laquelle toutes les gloires du Moyen-âge projettent leur éclat. Une basilique, qu'un grand pape appelle la plus belle du monde, s'élève sur le tombeau de l'illustre anachorète ; devant cette tombe, les rois et les pontifes viennent abaisser leurs sceptres et leurs couronnes ; les Croisades y amènent des pèlerins de toutes les contrées de l'Europe et le culte de saint Gilles devient populaire dans le monde entier.

Mais l'heure des épreuves arriva. A un passé glorieux succèdent pour le pèlerinage de Saint-Gilles de longs jours de tristesse et de persécution. L'hérésie, le glaive, le marteau des démolisseurs viennent tour à tour profaner l'illustre sanctuaire. Le saint tombeau disparaît dans la tourmente et demeure voué à l'oubli pendant trois siècles.

Cependant, l'heure de la résurrection arrive. Un jour, sur l'initiative d'un prêtre doué d'un zèle ardent(1), des fouilles sont commencées dans l'église

---

(1) M. l'abbé Goubier, alors curé de la paroisse de Saint-Gilles.

souterraine et ne tardent pas à combler de joie celui qui les avait entreprises. Le tombeau de saint-Gilles était découvert, et la chaîne brisée des pèlerinages antiques est renouée, à cette même place où se trouvent renfermées, depuis tant de siècles, les précieuses reliques du grand anachorète. Des foules pieuses viennent, de nouveau, s'agenouiller auprès de sa tombe.

Nous n'avons fait qu'esquisser à grands traits l'histoire de *Saint-Gilles et son pèlerinage* et, déjà, on peut comprendre tout l'intérêt de ce livre. Nous disons l'intérêt, car l'auteur a su donner à son travail cette forme éloquente et soignée qui fait le succès d'une œuvre. *Saint-Gilles et son pèlerinage* échappent à la monotonie si ordinaire d'une étude hagiographique : son style, à la fois facile et entraînant, en rend la lecture attrayante ; mais surtout, ce qui ajoute au prix de ce livre, c'est la description de la façade de l'église de Saint-Gilles, empruntée au savant ouvrage de M. Révoil, sur l'*Architecture romane du Midi de la France*. Que dirons-nous de plus en faveur de l'histoire de *Saint-Gilles et son pèlerinage ?* La première édition est déjà épuisée, une seconde vient de paraître.

Nous souhaitons à celle-ci le même succès qu'à la première, nous associant de tout cœur aux vœux exprimés par le bien-aimé curé de Saint-Gilles. Puissent ces pages attirer des pèlerinages de plus en plus nombreux, auprès du tombeau de Saint Gilles, dont la vertu sacrée est loin d'être tarie. Le poète, à l'exemple de l'historien, y puisera de vives et saintes impressions.

II.

Une heureuse circonstance m'ayant amené, dans le courant de décembre dernier, à Saint-Gilles, j'ai voulu mettre à profit mes quelques jours de résidence dans cette ville, pour visiter l'antique église qui abrite, depuis tant de siècles, les reliques du saint anachorète.

J'ai parcouru la vallée Flavienne(1), à jamais célèbre, où le grand saint, au milieu du désert, à l'exemple des solitaires de l'Égypte et de la Thébaïde, éprouvait les ravissements d'une contemplation sublime, où son cœur se livrait sans partage aux ardeurs de son amour pour Dieu. Il choi-

---

(1) Où se trouvent la grotte de Saint-Gilles et l'église abbatiale qu abrite la tombe du saint.

sit pour demeure une caverne dans le fond des bois :

> Et son âme, vouée à Dieu seul désormais
> Cherchait la solitude à l'ombre des forêts.

De nombreux pèlerins, des artistes les plus en renom se sont donné rendez-vous à Saint-Gilles, pour voir, pour admirer la pierre miraculeuse et la célèbre basilique. De cette visite, ils ont certainement rapporté des impressions. Je livre les miennes, le mieux qu'il m'est possible, dans les vers qui suivent :

Marseille, février 1877.

SAINT GILLES

ET

SON TOMBEAU

I

De saint Ægidius le nom est glorieux (1)
Sous celui de saint Gille : il brille dans les cieux.

(1) Saint Ægidius (du grec Aigidios), vulgairement appelé saint Gilles, était Athénien de naissance et d'une extraction noble. Son culte a été pendant plusieurs siècles fort célèbre en France et en Angleterre. Par sa piété et sa science, il conquit l'admiration universelle. Quelques auteurs ont confondu saint Gilles avec un autre saint du même nom, que saint Césaire, évêque métropolitain d'Arles, dans le VIe siècle, nomma abbé d'un monastère, près d'Arles, et qu'il envoya à Rome en 514, pour obtenir du pape Symmaque la confirmation des priviléges de l'Eglise d'Arles, alors célèbre dans l'univers entier. Le Père Stilting, un des continuateurs de Bollandus, prouve, dans une savante dissertation, que saint Ægidius ou saint Gilles florissait à la fin du VIIe siècle et au commencement du VIIIe. — Voir

Du temps de Vérédème apparaît son histoire (1)
Et les siècles n'ont point effacé sa mémoire.

Illustre de naissance, issu d'un sang royal,
Il a vu les grandeurs d'une cour fastueuse ;
Plein d'érudition, vertueux et loyal,
Il veut fuir les plaisirs dont l'amorce est trompeuse ;
Loin de ce tourbillon il veut porter les yeux (2) ;
Il veut vivre ignoré sous la voûte des cieux.
Une sainte auréole entoure sa personne ;
Il croit voir dans le ciel sa plus belle couronne.
Plein d'ardeur et de zèle et d'abnégation,
Son âme est préparée aux plus rudes épreuves :
Il franchira les mers et l'abord des grands fleuves ;
Rien ne peut arrêter sa résolution.
Il quitte sa patrie et délaisse l'Attique
Pour les sombres forêts de notre Gaule antique.
Dans son âme chrétienne, accessible aux échos
De la voix qui, du ciel, nous commande et nous guide,
Il consacra ses jours aux instincts les plus beaux ;

Vie des Pères, martyrs et autres principaux saints, par l'abbé GODESCARD.

Au sujet de la vie de saint Gilles, voir MABILLON, *Ann. Ben.*, tome III, p. 433 et sec. 3, *Ben. in prolog.* ; la *dissertation* et les *remarques* du docte P. STILTING. — *Acta S. S. september*, tome I, p. 284. — *Histoire littéraire de la France*, t. X, p. 60. — Le *Gallia Christ. nova*, tome VI, col. 483. — *Vies des Pères, Martyrs et autres principaux saints*, par M. l'abbé GODESCARD, tome IX.

(1) « Sur les bords escarpés du Gardon, il trouve dans le solitaire Vérédème, grec comme lui, les exemples et les leçons dont il est avide. » — M. l'abbé P.-E. d'EVERLANGE : *Saint-Gilles et son Pèlerinage*, p. 4.

(2) « Il veut fuir les ténèbres et faire du désert son habitation préférée et chérie. » — M. l'abbé P.-E. d'EVERLANGE, p. 3.

Et, comme saint Mathieu, prenant sous son égide
Les pauvres malheureux, n'aspira qu'au bonheur
D'imiter ce grand saint, si parfait par le cœur (1).

II

Son nom a retenti dans l'antique vallée (2),
De peupliers jadis et de chênes voilée,
Et, dans l'antre profond que saint Gille habitait,
J'ai pu voir et fouler le lieu qu'il préférait
A la cour des grands rois, où l'humble solitaire
Ne pouvait accomplir son œuvre humanitaire ;
Car son âme, vouée à Dieu seul désormais,
Cherchait la solitude à l'ombre des forêts.
De ce monde, il fuira la pompe toujours vaine,
Mais à l'humanité son cœur toujours l'enchaîne ;
Sa sainte mission est celle de guérir,
De soigner les humains sur le point de périr ;
Il possède le don de faire des miracles ;
Sa parole, pour tous, est celle des oracles ;
Nombre de malheureux sont sauvés du trépas :
A la reconnaissance il dérobe ses pas.

(1) Il avait entendu ces paroles de l'Evangille : « Si vous voulez être parfait, vendez tout ce que vous avez, donnez-en le prix aux pauvres et vous aurez un trésor dans le ciel. » MATHIEU, XIX, 21.

(2) La vallée Flavienne, où se trouve la grotte de Saint-Gilles, située environ à une demi-lieue du Rhône, dans le diocèse de Nîmes.

Sur les bords du Gardon brille sa renommée ;
Sa voix dans tous les cœurs retentit bien-aimée ;
Le fameux roi Wamba, les peuples, les seigneurs (1)
Accourent l'admirer en humbles serviteurs.

De saint Gilles la vie est toute pénitente ;
Il a su l'accomplir d'une foi pénétrante ;
Dans le fond du désert, il consacre son temps
Au jeûne, à la prière, aux chants édifiants.
Comme les saints d'Egypte et de la Thébaïde,
En lui, soldat du Christ, est l'apôtre intrépide.

Pour étancher sa soif, il s'abreuve aux ruisseaux
Nombreux dans la vallée, au versant des coteaux ;
Pour vivre, il se nourrit d'herbes et de racines (2)
Qu'il trouve dans les bois, dans le fond des ravines ;
Une biche le suit dans ces lieux sans témoins,
Et lui donne son lait pour prix de ses bons soins ;
Puis, sur la terre nue il repose sa tête
Et les faveurs du Ciel sont pour l'anachorète.

On bénit ses vertus ainsi que ses bienfaits ;
Il transforma ces lieux couverts de bois épais ;

---

(1) Flavius Wamba, roi des Visigoths dans cette partie de la Gaule, qui avait alors Nîmes pour capitale.

(2) Il se retira dans un lieu voisin du Gard, puis dans une forêt du diocèse de Nîmes. Il y resta plusieurs années entièrement occupé de la prière et de la contemplation, et n'ayant pour nourriture que de l'eau et des herbes. On lit dans l'histoire de sa vie qu'il fut nourri pendant quelque temps par le lait d'une biche de la forêt et que Flavius Wamba, roi des Goths, poursuivant cet animal à la chasse, il alla se réfugier auprès du saint qui, par là, fut découvert. *(Vie des Pères, Martyrs, etc.,* par M. l'abbé GODESCARD.)

Il fonda la cité qu'on voit dans ces parages (1) :
Elle porte le nom de son saint fondateur ;
Elle possède en lui son puissant protecteur.

Dans un beau monument, respecté par les âges (2),
Superbe basilique aux arceaux élancés
(Ils atteignent les cieux l'un à l'autre enlacés),
La relique du saint se trouve renfermée
Dans la crypte célèbre. On trouve son tombeau
Près du sang des martyrs jetés dans le caveau ;
Et là, survit sa gloire avec sa renommée.

III

Bien sombre est le caveau ; ses funèbres lueurs,
Dans le séjour des morts, pèsent sur tous les cœurs,
Près la froide relique, avérée, authentique,
De l'illustre saint Gille en son sépulcre antique,

---

(1) « Votre patron est à la fois le fondateur de votre cité et le père de vos âmes. Vous lui devez les biens de la terre et les bénédictions du ciel, le territoire immense, fertilisé par le travail de saint Gilles. — M. l'abbé P.-E. d'EVERLANGE. — *Dédicace aux fidèles de Saint-Gilles*, VI.

(2) M. Henri Révoil, architecte du département du Gard, tous récemment nommé membre de l'Académie de Marseille, dans son ouvrage remarquable : *Architecture romane du Midi de la France*, 3 vol. in-folio, a consacré à l'église de Saint-Gilles des pages dignes de son talent supérieur.

Je trouve le néant des grandes vanités,
Alors que des humains les jours sont limités :
Pour les uns, les grandeurs ; pour d'autres, la misère,
Et saint Gilles, pour tous, est le saint émissaire
De Dieu, qui veut parfois envoyer parmi nous
L'élu de sa parole et l'exemple pour tous.

Mais pourquoi ce frisson qui saisit et nous glace
A l'aspect des tombeaux ? Lugubres, à nos yeux,
Ils renferment pourtant les restes précieux
D'un parent, d'un ami, qu'en nos cœurs rien n'efface ;
Et l'ami de celui qui dort dans le tombeau
Apportera des fleurs sous le funèbre arceau.

Anges qui présidez aux grandes renommées,
Ici vos chants sont doux, vos hymnes sont aimées.
En l'honneur du patron vénéré dans ce lieu,
Ils sont harmonieux, agréables à Dieu ;
Et l'encens du Liban, cette gloire biblique,
De la crypte au caveau court dans la basilique.
Sous ses voûtes jadis on les voyait nombreux
Les peuples accourus près du tombeau fameux.

L'âme du pèlerin se recueille, tranquille,
Mêlée aux souvenirs de l'illustre saint Gille.
On le prie, on obtient ce qu'on veut de son cœur,
Car sa place est là-haut près de Notre-Seigneur,
Près des beaux chérubins, à nos yeux invisibles,
A nos moindres malheurs ils se montrent sensibles.
Guidant nos actions, ils soufflent dans nos cœurs
Le principe du bien, les instincts les meilleurs.
C'est ainsi que chacun a près de lui son ange,
Esprit fin et subtil de la sainte phalange,

L'histoire est toujours là pour mettre sous nos yeux
Du passé les erreurs, les crimes odieux,
Qui de l'humanité sont l'opprobre et la honte.
Comme le musulman des rives de l'Oronte,
(La Syrie aujourd'hui n'a plus de nation,)
Notre haine se plaît à la destruction.
Sur les illustres bords du fleuve d'Antioche,
Où le culte du Christ fut jadis respecté,
La terre a disparu ne laissant que la roche :
Là, superbe est le ciel, mais l'air est empesté.
Les hommes y sont beaux, les femmes y sont belles,
Mais à faire le bien leurs âmes sont rebelles.
Du monastère antique, illustre monument (1),
Mes pas foulent, hélas ! le seul emplacement ;
Et le noble tombeau souillé dans la tourmente,
Sous le poids des débris, dans la crypte nombreux (2)

---

(1) « Sur le vœu pressant du roi Wamba, saint Gilles fonda un monastère dans la vallée Flavienne à la place de l'humble grotte. Grâces aux largesses de Charles Martel, un nouveau monastère s'éleva dans la même vallée, plus glorieux et plus célèbre que le premier. Il devait abriter la tombe de son illustre fondateur qui s'endormit paisiblement dans le Seigneur, le 1er septembre 721. » — M. l'abbé P.-E. d'EVERLANGE, p. 9, 13.

Dans ce monastère, la règle de saint Benoît fut observée longtemps avec édification ; les Bénédictins y furent remplacés par des chanoines séculiers. Il s'est formé peu à peu aux environs, une ville qui porte le nom du saint, et que les guerres des Albigeois ont rendue fameuse. Voir *Vie des pères, martyrs et autres principaux saints*, par M. l'abbé GODESCARD.

(2) « Ce sépulcre avait disparu depuis le XVIe siècle, si funeste à tant de monuments sacrés dans nos provinces. Sa découverte eut lieu le 29 août 1865, dans la crypte de la basilique de Saint-Gilles. » — Voir le discours de Monseigneur Plantier à ses diocésains, sur l'histoire de la découverte.

A vu passer sur lui bien des temps orageux
Dont les tristes récits ont leur page sanglante.

IV.

Dans les siècles passés, la guerre et ses horreurs,
Au pays de saint Gille ont porté les malheurs (1).
Du barbare on a vu la haine et la vengeance
Ruiner en un jour ce beau coin de la France,
Et l'antique vallée a pleuré ses enfants :
Les meurtriers alors sont fiers et triomphants ;
L'esprit réformateur a voulu sur le faîte
De notre basilique établir sa conquête (2).
Le marteau, dans ses mains, c'est la destruction
Que voulut achever la Révolution ;
Mais l'épaisseur des murs, leurs fondements solides
Ont refroidi l'ardeur chez les plus intrépides,

---

(1) *Les Albigeois.* — *La réforme au XVIe siècle.* — *Description de la basilique de Saint-Gilles* — *Les révolutionnaires à Saint-Gilles.* — L'abbé P.-E. d'EVERLANGE, *Saint-Gilles et son pèlerinage* p. 40, 47, 58 et 63.

(2) « L'antique église de Saint-Gilles et celle dite Abbatiale n'ont pas échappé à la fureur des religionnaires. La ville fut assiégée, prise, reprise en 1562, 1567, 1574 et 1575. » GERMAIN : *Histoire de l'Eglise de Nîmes*, tome II. — *Histoire du Languedoc*, tome V.

Grands furent les dégâts. Leurs traces, à nos yeux,
Trahissent de ces temps les projets ténébreux.
Des prêtres, des enfants ont été les victimes (1)
Que comptent les bourreaux au nombre de leurs
(crimes.
Albigeois ou bourreaux, leur souffle est destructeur,
Ils traînent après eux la mort et la terreur.
Des fidèles le sang a coulé sur les dalles
De nos temples détruits par ces nouveaux Vandales.
Ils n'ont aucun respect pour le culte sacré ;
Même aux pieds des autels le prêtre est massacré.
Le sang a ruisselé sur les murs de la crypte (2) :
La preuve du martyr s'y voit comme en Egypte (3).
Les cadavres longtemps ont pourri dans le puits (4)
Près duquel notre Saint priait toutes les nuits.
Il buvait de cette eau pour lui limpide et claire !
Aux malades toujours elle fut salutaire.
Oui, l'Eglise a gémi sous le poids des malheurs
Qui viennent constamment raviver ses douleurs.
Cette lutte du Christ pour le bonheur des hommes
Finira-t-elle un jour, malheureux que nous sommes ?

(1) *Massacre des prêtres et des clercs.*— L'abbé P. E. d'EVERLANGE : *Saint-Gilles et son pèlerinage*, p. 57. — GERMAIN : *Histoire de l'Eglise de Nîmes*, tome II, p. 222.

(2) « Trois siècles après, on reconnaît aux parois de la partie supérieure du puits « qu'on trouve dans la crypte, » les longues traces de leur sang. » — *Fastes ecclésiastiques de la religion réformée.*

(3) *Vie des Saints pour tous les jours de l'année.* — *Le Martyrologe.*

(4) « En ce jour la ville de Saint-Gilles fut mise au pillage ; les prêtres égorgés et jetés dans le puits qui est joignant l'église intérieure ; les enfants de chœur précipités dans le même puits, chantant : *Christe fili Dei vivi, miserere nobis.* — *Fastes ecclésiastiques de la religion réformée.*

Selon ses vœux ardents ne formons qu'un troupeau
Sous le même pasteur et le même drapeau.
La chaîne d'union est la chaîne sublime
Que ne sauraient briser tyrans ni potentats ;
Elle fait la splendeur, la force des Etats
Quand la main qui la soude est la main légitime.

NOTES

Extrait du *journal de Marseille* du 28 mars 1877 n° 10736.

Saint Gilles et son tombeau, tel est le titre d'un charmant petit poëme que vient de publier M. *Réveillé de Beauregard*, connu déjà par de nombreuses et gracieuses productions poétiques.

Le nouveau sujet de M. *Réveillé de Beauregard* est admirablement choisi et lui a été inspiré par une visite faite à Saint-Gilles (Gard) où les souvenirs historiques abondent et ont pour cadre le site le plus pittoresque et des ruines imposantes. La foi chrétienne avait fait jadis, de ce lieu remarquable, si proche de nous, un pèlerinage célèbre. Les populations du Midi sont de nouveau conviées à venir s'agenouiller devant le tombeau de Saint-Gilles, célèbre fondateur de cette cité que les hommes de foi et les artistes ont toujours visitée avec fruit. Grâce au remarquable livre publié récemment par un saint prêtre, M. *Emile d'Everlange*, qui est placé à la tête de la paroisse de Saint-Gilles, et à l'œuvre poétique de M. *Réveillé de Beauregard*, où les sentiments les plus purs sont exprimés en un magnifique langage, Saint-Gilles mieux connu verra affluer dans son sein de nombreux pèlerins que ne peut manquer d'y attirer le récit de tant de merveilles.

Extrait du *journal l'Extrême droite de Nîmes*, du 1ᵉʳ avril 1877 n° 19.

Le réveil des pèlerinages aura été, de nos jours, le signal du réveil de la foi. Celui de Saint-Gilles est au nombre de ceux dont la splendeur se vérifie. La découverte du tombeau de ce grand solitaire, les écrits qu'il ne cesse d'inspirer en sont la marque. De pieuses caravanes ont déjà pris le chemin qui conduit à la vallée Flavienne, et il s'en organise de nouvelles.

M. *Réveillé de Beauregard*, charmé des lectures archéologiques et hagiologiques qu'il a faites sur *Saint-Gilles et son tombeau*, et s'étant allé agenouiller devant la pierre miraculeuse, dans cette basilique, qui fût, a dit un pape, le plus beau temple du Monde, a écrit un poëme où il glorifie la vie de l'illustre cénobite. Il le suit désertant la Grèce et l'opulence, pour rechercher sa sanctification ; recevant les leçons de Saint-Vérédème, sur les rives du Gardon ; puis se réfugiant dans les profondeurs des forêts qui couvraient la vallée Flavienne. Une biche le nourrit de son lait, et c'est ce doux animal, atteint par une flêche de Wamba dans une chasse, qui le fait découvrir par ce prince. De là l'origine de la basilique, du monastère, de la ville de Saint-Gilles, où l'on accourait, au Moyenâge, des pays les plus éloignés, pour visiter le serviteur de Dieu et l'implorer après sa mort. L'écrivain dit la splendeur de la maison de prières et les ravages du fanatisme qui la ruinèrent. M. *Réveillé de Beauregard* voit comme nous le salut de la France et du monde dans la vivification des croyances, [car il dit en finissant :

Cette lutte du Christ pour le bonheur des hommes
Finira-t-elle, un jour, malheureux que nous sommes ?
Selon ses vœux ardents, ne formons qu'un troupeau,
Sous le même pasteur et le même drapeau.
La chaîne d'union est la chaine sublime
Que ne sauraient briser tyrans et potentats ;
Elle fait la splendeur, la force des Etats
Quand la main qui la soude est la main légitime !

LETTRE en date du 3 mars 1877 de M. *J. A. Gross*, chanoine et secrétaire général de l'Evêché de Marseille.

Monsieur, j'ai reçu votre poëme « *Saint-Gilles et son tombeau* » que vous m'avez fait l'honneur de m'adresser, et je vous prie d'agréer mes sincères remercîments.

Les vers que vous a inspirés votre visite à Saint-Gilles, sont comme une fleur ajoutée au charmant volume qui vient de paraître à la librairie F. Seguin d'Avignon ; car :

Si vos chants sont doux, vos hymnes sont aimées.

Veuillez agréer, monsieur, l'hommage de mes sentiments respectueux.

J. A. GROSS.
Chan. secr. gén.

ARTICLE du journal *La guida del Popolo de Bastia*, 15 avril 1877 nº. 9.

Sur le canal de Beaucaire à Aigues-Mortes, à 20 kilomètres de Nîmes, se trouve la petite ville de Saint-Gilles qui doit son origine à un monastère fondé au VIe siècle par Saint-Gilles, cénobite athénien. L'église qui date du IXe siècle possède une belle façade et le tombeau du saint découvert en 1865 par M. l'abbé *Goubier*, alors pasteur de la paroisse. Tous les ans, le premier septembre, de nombreux pèlerins s'y rendent de tout le Languedoc et des paroisses voisines pour prier au tombeau du saint anachorète.

M. *Réveillé de Beauregard* a rapporté d'une de ses visites, des impressions poétiques qu'il a publiées et dont il a bien voulu nous donner communication. Après nous avoir raconté la vie admirable du grand saint, le poëte nous fait assister à des scènes bien émouvantes qui ont porté plus d'une fois la désolation dans l'antique et superbe basilique. La guerre des Albigeois, les guerres de religion, la tourmente révolutionnaire y ont laissé des traces ineffaçables de leur passage.

M. *Réveillé de Beauregard* a traité avec éloquence son sujet et a droit à nos félicitations pour la beauté de ses vers et pour la vive piété qui les anime.

Chanoine NICOLAS.

On lit dans la *Revue française* organe des concours poétiques de Bordeaux, du 15 avril 1877, p. 187.

SAINT-GILLES ET SON TOMBEAU.

L'œuvre était difficile à traduire en bons vers. M. *R. de Beauregard* a prouvé que rien n'est impossible au talent, lorsqu'il est guidé par la foi.

Le poëme, peut-être un peu court, mérite les meilleurs encouragements.

La revue mensuelle, littéraire et scientifique « le *Propagateur de la Méditérranée et du Var* », dans son n° de juin, n.° 170, dit à propos de Saint-Gilles et son tombeau :

« Revenons à notre boite, fouillons. Notre main en retire une poésie : *Saint-Gilles et son tombeau*. Le poëme est dû à la plume facile, émue de M. *R. de Beauregard*, membre de plusieurs sociétés savantes. Nous n'avons le droit de faire aucune remarque au poëte; parceque lui-même a soin de nous prévenir, dans une très élégante préface, qu'il n'entend traduire en vers que ses impressions. Pour une poésie proprement dite, la nouveauté du plan exécutée par une imagination vive, embellie de nobles pensées, de traits brillants, qui frappent, saisissent, émeuvent sans mélange d'aucune louabileté de locution, voilà ce qui nous paraît le caractériser.

Nous pensons que M. *R. de Beauregard* n'est pas en peine de remplir ces deux conditions, s'il faut nous en rapporter aux vers suivants :

> Son nom a retenti dans l'antique vallée,
> De peupliers jadis et de chênes voilée,
> Et, dans l'antre profond que Saint Gille habitait,
> J'ai pu voir et fouler le lieu qu'il préférait

La revue universelle de Voltré, journal officiel de l'institut des savants d'Europe, s'exprime de la manière suivante dans son n° mensuel de juillet p. 48.

Il nostro egregio collaboratore signor *R. de Beauregard*, ha testè publicato un poema intitolato : *Saint-Gilles et son tombeau*. Quel lavoro valse all' autore gli encomi della stampa francese, e degno della fama ch'egli seppe acquistarsi colle altre sue opere rese di publica ragione.

Continui di questo passo il *de Beauregard* che gl'amatori delle amene lettere glie ne sapran grato

Prof. E. MACCARY.

Un journal italien de Naples, la *Lotta* du 19 septembre 1877 n.° 4, s'exprime dans les termes suivants :

Abbiamo letti ed ammirati, taluni versi francesi, editi a Masiglia del Sig. *R. de Beauregard*, membro di diverse Accademie. Il soggetto è — *Sant' Egidio e la sua tomba* — *Saint-Gilles et son tombeau* : la lingua è pura, il verso spontaneo, spontanea la rima. È un bel lavoro, in una parola, che altamente onora il suo autore, cui facciamo i più sentiti complimenti.

www.ingramcontent.com/pod-product-compliance
Lightning Source LLC
Chambersburg PA
CBHW060725050426
42451CB00010B/1632